... DE LA GUERRE

... L'INFANTERIE

SECRET

En communication
5ᵉ =
6ᵉ =
7ᵉ =
9ᵉ =

...RUCTION PROVISOIRE

SUR LE

... MITRAILLEUR

MODÈLE 1915
(C. S. R. G.)

1ᵉʳ FÉVRIER 1916

MINISTÈRE DE LA GUERRE

SECRET

DIRECTION DE L'INFANTERIE

INSTRUCTION PROVISOIRE

SUR LE

FUSIL MITRAILLEUR

MODÈLE 1915

(C. S. R. G.)

1er FÉVRIER 1916

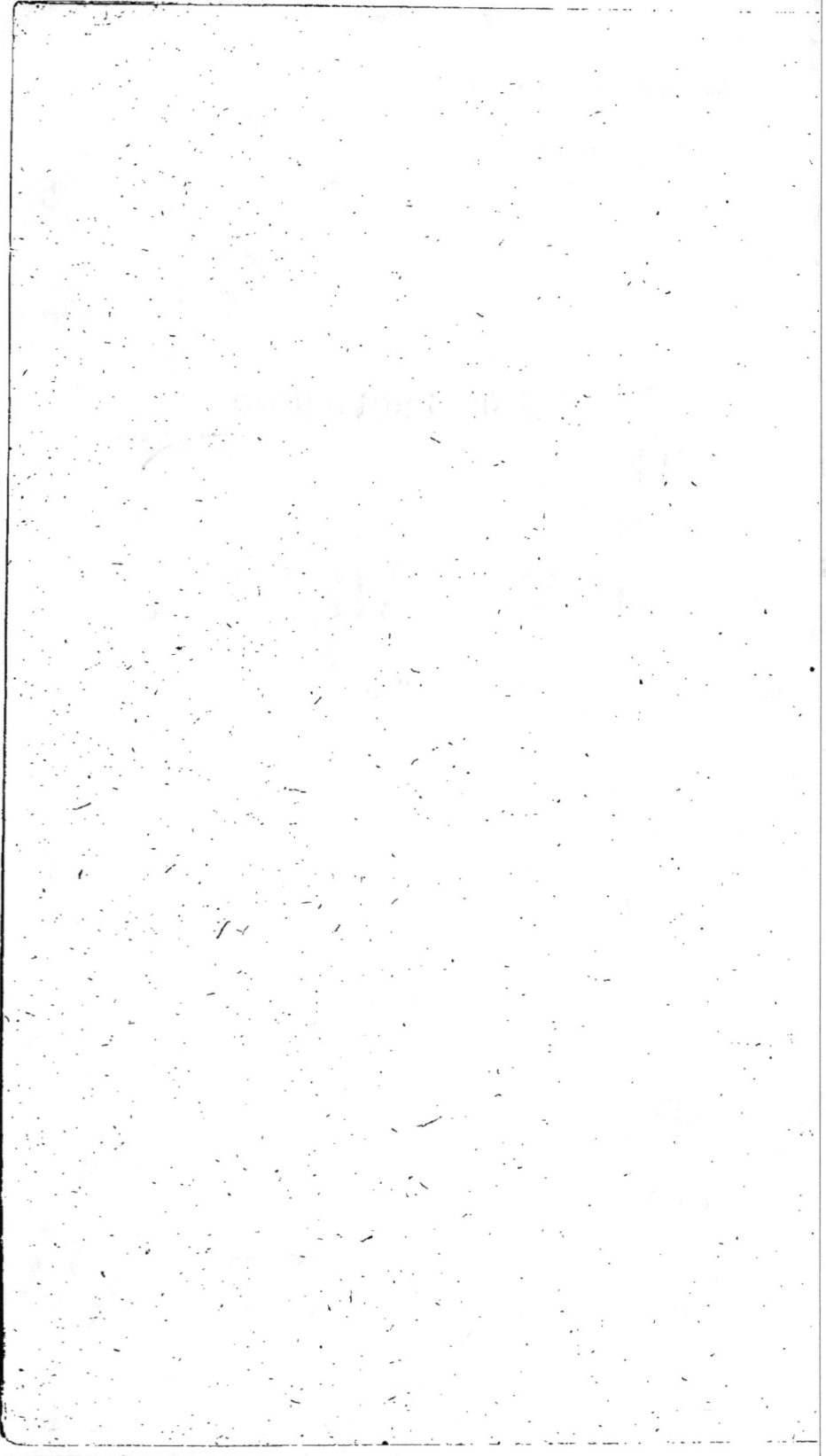

INSTRUCTION PROVISOIRE

SUR LE

FUSIL MITRAILLEUR

MODÈLE 1915

(C. S. R. G.)

TITRE PREMIER

FUSIL MITRAILLEUR MODÈLE 1915

CHAPITRE PREMIER

CARACTERISTIQUES, DESCRIPTION ET NOMENCLATURE DU FUSIL

---

§ 1. — Caractéristiques.

Le fusil mitrailleur modèle 1915 est une arme à tir automatique utilisant la force du recul. Il se classe parmi les armes de cette catégorie fonctionnant par long recul du canon.

Il tire la cartouche française réglementaire 86 D (a m). L'alimentation se fait à l'aide de chargeurs d'une contenance de 20 cartouches.

L'arme permet le tir coup par coup ou tir intermittent, et le tir automatique ou tir en mitrailleuse.

§ 2. — Description et nomenclature.

Le fusil se divise en deux parties :
A) *Une partie fixe* ; — B) *Une partie mobile.*

A) Partie fixe.

La partie fixe comprend :

1º Le manchon guide ;
2º La monture ;
3º Le mécanisme de détente ;
4º Les garnitures.

1º **Manchon-guide.** — Il est en tôle d'acier et sert à protéger le canon et à guider ses mouvements. Il est formé de deux tubes, reliés ensemble par la *bague de raccord* et porte à sa partie antérieure l'*embouchoir porte-*

guidon qui, par sa forme tronconique, diminue le diamètre interne du manchon-guide, constituant ainsi une sorte de renforceur de recul.

Le manchon-guide est percé à l'avant de trous permettant la circulation de l'air autour du radiateur.

On y remarque : à droite, la fenêtre *d'éjection* ; en dessous, la *glissière* dans laquelle glisse l'alimentateur fixé à la culasse mobile. La glissière est échancrée à sa partie postérieure pour permettre la mise en place et le démontage de l'alimentateur.

La partie arrière du manchon-guide est terminée par la *bague-écrou de bouchon* sur laquelle se visse le *bouchon d'appui* qui sert d'appui aux ressorts récupérateurs.

Le bouchon d'appui comprend : le bouchon proprement dit avec son filetage et le tube guide-ressorts.

La bague de raccord et la bague écrou de bouchon portent respectivement une chape d'assemblage et un tenon à œilleton permettant de fixer le manchon guide sur la monture au moyen des verrous d'assemblage.

La bague de raccord porte intérieurement un épaulement contre lequel vient buter la partie antérieure de la fourrure du canon lorsque celui-ci est à la position de tir.

A la partie médiane du manchon-guide est fixée la hausse.

2° **Monture.** — La monture est formée de deux flasques reliés par des entretoises et fixés à l'arrière sur la crosse.

Sur le *flasque droit*, on remarque :

Les trous d'axe du porte-bretelle, du verrou d'assemblage antérieur, le guide de bielle, les trous pour le passage des vis de fixation de l'entretoise médiane, les trous d'axe de la détente, du levier de tir et de sûreté, du levier de gâchette, du porte-bretelle postérieur, du verrou d'assemblage postérieur.

Le flasque droit possède une échancrure pour le coulissement du bouton de manœuvre.

Sur le *flasque gauche*, on remarque :

Les mêmes trous d'axe que sur le flasque droit et les trous des vis de fixation de l'entretoise porte-volet et du guide de bielle.

Reliant les deux flasques, on a :

L'entretoise avant porte-fourche, dont la partie antérieure est taraudée pour le vissage de la tête à chapes de la fourche.

L'entretoise porte-volet, qui porte :

a) Le levier arrêtoir de canon dont le bec, se logeant dans une encoche de la fourrure du canon, a pour rôle de maintenir ce dernier à la position de tir. Ce levier comprend : le bec, le corps et le talon ; un ressort prenant appui d'une part sur l'entretoise, d'autre part sur le talon, porte le bec vers le haut.

b) Le ressort d'appui du chargeur chargé de faciliter l'enlèvement du chargeur.

c) Le volet guide-cartouche dont le rôle est d'assurer l'introduction correcte de la cartouche dans le canon. Ce volet porte à cet effet un plan incliné contre lequel glisse la pointe de la balle de la cartouche poussée en direction du canon par l'alimentateur. Le volet, devant avoir au cours du fonctionnement de l'arme des mouvements d'élévation et d'abaissement, est actionné, au moyen d'un axe à galet, par la bielle appartenant à la culasse mobile.

L'entretoise porte-volet est fixée aux flasques au moyen de deux vis assurant également la fixation du guide de bielle sur le flasque droit.

L'entretoise médiane, à la partie inférieure de laquelle on remarque :

a) La poignée de maintien fixée à l'entretoise au moyen d'une tige vissée.

b) Le crochet d'arrêt de chargeur actionné par sa manette.

L'entretoise médiane est reliée aux flasques au moyen de deux vis.

La crosse, sur laquelle on remarque le logement de l'arrêtoir du bouchon d'appui.

3º **Mécanisme de détente.** — Le mécanisme de détente du fusil mitrailleur modèle 1915 est monté sur un corps de mécanisme formé par deux flasques latéraux et une plaque de fond.

Sur les flasques latéraux on remarque : les trous d'axe de détente, de levier de tir et de sûreté et de levier de gachette.

Sur la plaque de fond on remarque : le piton de ressort de barrette et l'échancrure pour le passage de la queue de détente et de l'arrondi de la barrette.

Le corps de mécanisme est terminé à sa partie inférieure par la poignée pistolet recouverte par des plaquettes en bois fixées au moyen de deux vis à rosettes. Reliant la plaque de fond à la poignée, on remarque le pontet.

Entre les deux flasques latéraux, on a :

a) Le ressort de barrette (point fixe : piton point, mobile : barrette de mentonnet). Ce ressort sollicite la barrette et la queue de détente à se porter vers l'avant.

b) La barrette sur laquelle on remarque : l'œilleton, l'arrondi, le corps, le plan incliné, le talon.

c) La détente qui comprend : la chape et la queue. La détente est reliée à la barrette au moyen de la goupille d'entraînement de barrette.

d) La gâchette ; avec sa chape, sa tête et les appuis du ressort de gachette. La gachette est reliée à la détente au moyen d'une goupille tubée.

e) Le ressort de gachette (point fixe : plaque de fond,

point mobile : gachette), tend à porter la tête de gachette vers le haut.

f) Le levier de gachette sur lequel on remarque : la partie antérieure formant chape, le logement de la goupille tubée de levier de gâchette, la queue. Sur la partie antérieure du levier est fixé le mentonnet au moyen de l'axe du mentonnet.

g) Le mentonnet qui comprend : la tête et son arrondi, le bras inférieur.

h) Le ressort de mentonnet (point fixe : levier de gâchette, point mobile : bras inférieur du mentonnet) sollicite le bras inférieur du mentonnet vers l'avant.

i) Le levier de tir et de sûreté traversant perpendiculairement les flasques latéraux et qui comprend : le levier avec son bouton et son pointeau, l'axe avec la came.

4° **Garnitures.** — Les garnitures comprennent :

a) La fourche, constituée par une tête à chapes et deux tubes terminés par les pointes. Les tubes sont reliés à la tête à chapes au moyen des vis axes d'articulation.

b) Les porte-bretelle qui comprennent : les anneaux et les axes de fixation sur les flasques.

B) Partie mobile.

La partie mobile comprend :

1° Les canon, boîte de culasse et ressort récupérateur de canon ;

2° Les culasse et ressort récupérateur de culasse ;

3° Le mécanisme d'alimentation.

1° **Canon, boîte de culasse et ressort récupérateur de canon.** — *a) Canon.* — A la partie antérieure, on remarque le filetage permettant la fixation de l'écrou de canon qui forme cloison mobile du renforceur de recul.

Le canon est entouré à l'avant et sur les trois quarts de sa longueur environ d'un radiateur en aluminium.

Ce radiateur est maintenu en place, d'une part, à l'aide de l'écrou de canon, d'autre part, au moyen d'une fourrure vissée sur la boîte de culasse.

Cette fourrure possède une encoche circulaire dans laquelle prend logement le bec du levier-arrêtoir de canon.

Le canon est prolongé à sa partie postérieure par la boîte de culasse fixée sur lui au moyen d'un filetage.

b) Boîte de culasse. — La boîte de culasse contient et guide le mécanisme de culasse. On y remarque :

A droite : la fenêtre d'éjection, à la partie arrière de laquelle on distingue le plan incliné d'effacement du bonhomme arrêtoir de tête mobile.

A la partie inférieure : la rainure-guide terminée à sa

partie arrière par la rampe prenant appui sur le mentonnet lorsque le canon est à la position de tir.

A l'intérieur de la boîte de culasse et à sa partie antérieure, se trouvent les épaulements d'appui contre lesquels vient s'appliquer la face postérieure des tenons de fermeture de la tête mobile lors du verrouillage.

A l'arrière de la boîte de culasse est logée la bague d'appui du ressort récupérateur de canon.

c) *Le ressort récupérateur de canon* (point fixe : bouchon d'appui, point mobile : bague d'appui) est un ressort à boudin entourant un tube fixé sur le bouchon d'appui.

2° **Culasse et ressort récupérateur de culasse.** — La culasse mobile se compose de la tête mobile et du chien.

a) *Tête mobile.* — On y distingue :

A l'avant : la cuvette, à l'intérieur de laquelle fait saillie l'éjecteur à ressort ; les tenons de fermeture ; le logement de l'extracteur et de son ressort.

A l'arrière : les tenons de manœuvre ; l'encoche pour le pointeau du bonhomme arrêtoir de tête mobile.

A l'intérieur : le canal du percuteur.

b) *Chien.* — Sur lequel sont fixés le percuteur et la tige de chien.

On y remarque : les rainures hélicoïdales de manœuvre dans lesquelles coulissent les tenons de manœuvre de la tête mobile ; les logements de l'alimentateur et de son tenon.

Logé dans l'épaisseur du chien et faisant saillie sur le côté droit, on distingue le bonhomme arrêtoir de tête mobile. Ce bonhomme est terminé à sa partie basse par un pointeau qui vient se placer dans l'encoche de tête mobile lorsque cette dernière est en position tenons verticaux.

A la partie antérieure du chien, on remarque les passages des tenons de manœuvre de la tête mobile.

La tige de chien possède à sa partie postérieure un anneau de butée (point d'appui mobile du ressort récupérateur de culasse).

c) *Le ressort récupérateur de culasse* (point fixe : bouchon d'appui, point mobile : anneau de butée de la tige de chien) est un ressort à boudin logé dans le tube fixé sur le bouchon d'appui.

Le ressort récupérateur de culasse joue également le rôle de ressort de percussion.

3° **Mécanisme d'alimentation.** — Le mécanisme d'alimentation comprend l'alimentateur et la bielle.

a) *Alimentateur.* — On y distingue :

Le doigt ; les nervures guide de l'alimentateur sur la

boîte de culasse ; le crochet de culasse et le bouton de manœuvre.

b) Bielle. — Sur laquelle on remarque :

La rainure du galet de l'axe du volet et l'œil pour la tige du bouton de manœuvre qui relie cette dernière à l'alimentateur.

Nota. — Le mécanisme d'alimentation est complété par le chargeur.

CHAPITRE II

FONCTIONNEMENT DE L'ARME

§ 1. — Mouvements de canon et de culasse.

Généralités. — Dans toute arme automatique, il faut assurer automatiquement à un moment donné la séparation du canon et de la culasse mobile, afin de permettre l'exécution des différentes opérations (extraction, éjection, introduction d'une nouvelle cartouche dans le canon) indispensables pour le fonctionnement de l'arme.

Dans le fusil mitrailleur modèle 1915, l'ensemble mobile (canon culasse) est porté vers l'arrière sous l'action du recul puis le canon est ramené à la position de tir par son ressort récupérateur tandis que la culasse, maintenue à l'arrière, ne peut revenir à sa position primitive que lorsque le canon est à complète position avant. La séparation du canon et de la culasse est ainsi réalisée .

Fonctionnement. — Pour tirer, il faut : armer le mécanisme de culasse, puis accrocher le chargeur sous le fusil en plaçant l'extrémité antérieure entre l'entretoise porte fourche et le manchon, et l'extrémité postérieure sur le crochet arrêt de chargeur.

En agissant sur la détente, le mécanisme de culasse charge l'arme et produit le départ du coup.

Dans les mouvements de canon et de culasse du fusil mitrailleur modèle 1915, trois phases sont à considérer :

1ʳᵉ phase : *Recul de canon et de culasse* (les 2 pièces étant reliées.

2ᵉ phase : *Retour du canon à la position de tir.*

3ᵉ phase : *Retour de culasse mobile vers l'avant.*

PREMIÈRE PHASE

Recul de canon et de culasse (les 2 pièces jointes).

Agent moteur : les gaz.

1 opération : Armé.

Le coup vient de partir, les gaz agissant sur la culasse mobile la font reculer. Comme la culasse est verrouillée au canon, ce dernier est entraîné vers l'arrière. Les ressorts récupérateurs sont bandés. La culasse mobile, et par suite le percuteur, étant à sa position extrême arrière, le ressort récupérateur de culasse (faisant fonction de ressort de percussion) étant comprimé, l'armé est réalisé.

Maintien de l'armé : le maintien de l'armé est assuré par l'accrochage de la culasse mobile sur la tête de gâchette.

DEUXIÈME PHASE

Retour du canon à la position de tir.
Agent moteur : ressort récupérateur de canon.
4 opérations : 1° *Retrait du percuteur ;*
2° *Déverrouillage ;*
3° *Extraction ;*
4° *Ejection.*

Dès que l'action des gaz disparaît, le ressort récupérateur de canon se détend et porte le canon vers l'avant. Ce dernier en se portant vers l'avant sollicite la culasse mobile qui lui est verrouillée à l'accompagner dans son mouvement.

1° **Retrait du percuteur.** — Le chien étant retenu à la position arrière par l'accrochage de l'alimentateur sur la tête de gâchette, seule la tête mobile peut se porter vers l'avant.

L'avance de la tête mobile est d'environ 8 $^{m/m}$ (longueur de la partie rectiligne des rainures hélicoïdales), d'où *retrait du percuteur par rapport à la cuvette.*

Il n'y a pas déverrouillage puisque les tenons de manœuvre circulent dans la partie rectiligne des rainures hélicoïdales de manœuvre du chien.

2° **Déverrouillage.** — Par suite de la traction exercée sur la tête mobile par le canon dont le ressort récupérateur n'est qu'incomplètement débandé, les tenons de manœuvre passant dans la partie hélicoïdale des rainures obligent la tête mobile à tourner. Les tenons de fermeture de tête mobile sortent de leur logement contre les épaulements d'appui de la boîte de culasse d'où *déverrouillage.*

3° **Extraction.** — Le canon continuant sa course se détache alors de la culasse mobile. L'étui qui se trouvait dans le canon étant d'autre part retenu par la griffe de l'extracteur se trouve retiré de la chambre, d'où *extraction.*

4° **Ejection.** — Au moment où la distance entre la culasse et la tranche antérieure de la fenêtre d'éjection est suffisante, l'étui poussé par l'éjecteur pivote autour de l'extracteur et est projeté à droite en passant par la fenêtre d'éjection, d'où *éjection.*

TROISIÈME PHASE

Retour de culasse mobile vers l'avant.
Agent moteur : ressort récupérateur de culasse.

3 opérations : 1º *Introduction d'une cartouche dans le canon et fermeture de la chambre ;*
2º *Verrouillage ;*
3º *Percussion.*

1º **Introduction d'une cartouche dans le canon et fermeture de la chambre.** — Le canon étant revenu à la position de tir, la boîte de culasse agissant sur le mécanisme de détente libère la culasse.

Sous l'action du ressort récupérateur de culasse bandé lors du recul de la culasse, cette dernière se porte en avant. Dans ce mouvement, la partie antérieure du doigt de l'alimentateur rencontrant une cartouche élevée par le chargeur, la pousse en avant et vers le haut en direction de la chambre. Le tenon de fermeture inférieur de tête mobile, agissant à son tour sur cette cartouche, l'introduit à fond dans la chambre, d'où *introduction d'une cartouche ;* puis la culasse vient fermer l'entrée de la chambre, d'où *fermeture.*

2º **Verrouillage.** — A la fin de cette première opération, le ressort récupérateur de culasse n'est pas complètement débandé. Il sollicite donc toujours une avance de culasse. Comme la tête mobile est arrêtée par son appui sur le canon, le chien seul peut avancer. Le chien, se portant vers l'avant et ne pouvant prendre qu'un mouvement rectiligne, oblige la tête mobile à tourner par suite de l'action des rainures hélicoïdales sur les tenons de manœuvre de la tête mobile. Les tenons de fermeture rentrent dans leur logement contre les épaulements d'appui de la boîte de culasse, d'où *verrouillage.*

3º **Percussion.** — Le chien continuant à se porter vers l'avant sous l'action du ressort, toujours incomplètement débandé, les tenons de manœuvre passent dans la partie rectiligne des rainures et le percuteur fait saillie dans la cuvette, d'où *percussion.*

NOTA

1º **Rôle du renforceur de recul.** — L'embouchoir porte guidon est organisé de façon à réaliser le rôle de renforceur de recul. A cet effet, il présente intérieurement une chambre tronconique dans laquelle se détendent les gaz au moment où la balle quitte le canon et traverse l'orifice de l'embouchoir.

Les gaz, venant agir vers l'arrière sur la tranche antérieure de l'écrou de canon, augmentent l'action du recul qu'ils avaient exercée au départ du coup sur la culasse.

2º **Rôle du levier-arrêtoir de canon.** — Lorsque le canon arrive à la position de tir, un léger mouvement de retour de canon vers l'arrière est à craindre par suite du choc de la fourrure du canon contre la bague de raccord du manchon-guide.

Le levier-arrêtoir de canon a pour but d'interdire ce mouvement. En effet, faisant saillie au-dessus de l'entretoise porte-volet, le bec de l'arrêtoir, s'effaçant pour laisser passer le canon, se relève dès que ce dernier est à la position de tir et vient se loger dans une encoche pratiquée sur la fourrure du canon. Tout mouvement du canon est alors impossible.

Mais comme il faut que le canon puisse se porter vers l'arrière sous l'action des gaz, il est nécessaire de faire disparaître l'action de l'arrêtoir avant le départ du coup. La culasse est chargée de cette opération. A cet effet, en se portant vers l'avant, le doigt de l'alimentateur prenant appui sur le bras supérieur du levier-arrêtoir oblige le bec à s'abaisser. Le canon est alors libéré.

3° **Rôle du bonhomme arrêtoir de tête mobile.** — Le bonhomme arrêtoir de tête mobile a pour but de maintenir la tête mobile dans la position : tenons verticaux lorsque la culasse mobile se porte vers l'avant. A cet effet, le bonhomme possède à sa partie basse un pointeau qui se loge dans une encoche ménagée à la partie postérieure de la tête mobile lorsque cette dernière est en position : tenons verticaux. Toute rotation de la tête mobile est alors impossible car le bonhomme arrêtoir, prenant appui par sa partie haute contre la paroi interne de la boîte de culasse, ne peut se soulever et permettre ainsi la sortie du pointeau de son logement dans l'encoche de la tête mobile.

Mais, lorsque la tête mobile est presque au contact du canon, il faut faire disparaître l'action du bonhomme arrêtoir afin d'assurer la libération de la tête mobile qui doit tourner lors du verrouillage. Le pointeau du bonhomme doit donc à ce moment quitter son logement dans l'encoche de la tête mobile. A cet effet, lorsque la tête mobile est sollicitée à tourner, l'action des bords inclinés de l'encoche sur le pointeau du bonhomme assure le relèvement de ce dernier qui sort de son logement dans la tête mobile. Ce relèvement est possible car, au moment du verrouillage, la partie haute du bonhomme faisant saillie dans la fenêtre d'éjection, n'est plus au contact de la paroi interne de la boîte de culasse.

§ 2. — Mécanisme de détente.

Le mécanisme de détente du fusil mitrailleur, modèle 1915, permet d'exécuter deux genres de tir :

1° *Tir automatique ou tir en mitrailleuse* ;
2° *Le tir coup par coup ou tir intermittent.*

L'exécution de ces deux genres de tir est réglée par la position donnée à la came du levier de tir et de sûreté.

1° Tir automatique.

Position de la came : horizontale, (la came ne vient à aucun moment prendre appui sur la barrette de mentonnet).

Une percussion vient d'avoir lieu. Le canon et la culasse sont projetés vers l'arrière. La culasse y est maintenue.

Le tireur maintenant l'action du doigt sur la détente, la barrette de mentonnet, portée vers l'arrière, bande son ressort et prend appui sur le bras inférieur du mentonnet. Elle opère ainsi le pivotement de celui-ci autour de son axe de telle façon que l'arrondi de la tête du mentonnet se trouve placé sur le chemin parcouru par la boîte de culasse et que le bras inférieur du mentonnet comprime le ressort de mentonnet et s'appuie sur le levier de gâchette.

Le canon revenant à sa position avant, la rampe de la rainure-guide de la boîte de culasse rencontrant la tête du mentonnet, tend à opérer le pivotement de ce dernier vers l'avant.

Ce mouvement n'étant plus possible, le mentonnet étant en contact avec le levier de gâchette, il y a abaissement de l'axe du mentonnet et par conséquent abaissement de la partie avant du levier de gâchette. Par ailleurs, le contact existant entre le levier de gâchette et la gâchette, il y a pivotement de la gâchette autour de son axe sur la détente, d'où effacement de la tête de gâchette et libération de la culasse.

La percussion a lieu, le canon et la culasse sont renvoyés vers l'arrière.

La boîte de culasse reculant quitte son appui sur le mentonnet. Le ressort de gâchette comprimé lors de l'abaissement de cette dernière se débande, provoquant le relèvement de la gâchette dont la tête est de nouveau à même d'accrocher la culasse. La gâchette relève en même temps le levier de gâchette et, par suite, le mentonnet dont la tête se trouve de nouveau placée sur le chemin parcouru par la boîte de culasse.

Le retour du canon provoquera les mêmes opérations que ci-dessus.

Par conséquent, c'est le canon qui, par sa boîte de culasse, règle, dans le tir automatique, le départ des coups, le tireur n'ayant pour préoccupation que de conserver l'appui du doigt sur la détente.

Si on lâche la détente, le tir s'arrête, canon avant, culasse ouverte.

En effet : le ressort de barrette en ramenant la barrette et la détente vers l'avant, a fait quitter l'appui de la barrette sur le mentonnet qui, sous l'action de son ressort, pivote de telle façon que sa tête n'est plus sur le chemin parcouru par la boîte de culasse ; cette dernière ne fait que l'effleurer sans appuyer dessus. Donc, pas d'action de la boîte de culasse sur le mentonnet au moment du retour du canon, par conséquent, pas d'action du mentonnet sur le levier de gâchette qui lui-même n'abaisse pas la gâchette. La tête de gâchette reste au contact du crochet de culasse, la culasse est maintenue à l'arrière ; d'où arrêt de tir .

2° Tir coup par coup.

Position de la came : verticale et tournée vers le bas,
(c'est-à-dire que la came est en contact avec la barrette
de détente).

On a armé le fusil à la main en agissant sur le bouton
de manœuvre. Le canon est à la position avant, la culasse est maintenue à l'arrière par son accrochage sur la
tête de gâchette.

Le mentonnet est en contact par sa tête avec le dessous de la boîte de culasse.

Si on fait l'action du doigt sur la détente, la barrette
portée vers l'arrière assure le pivotement du mentonnet
autour de son axe et tendrait ainsi à produire l'élévation
de la tête de ce mentonnet. Ce mouvement d'élévation
est impossible puisque le mentonnet est au contact de la
boîte de culasse, mais il se transforme en un abaissement
de l'axe du mentonnet qui produit l'abaissement de la
partie avant du levier de gâchette et, par suite, de la
gâchette. La culasse libérée se porte vers l'avant.

Il y a percussion ; l'ensemble mobile, canon et culasse,
est renvoyé vers l'arrière.

La boîte de culasse quitte son appui sur le mentonnet.
Sous l'action du ressort de gâchette, on a relèvement :
de la tête de gâchette, de la partie avant du levier de
gâchette et, par conséquent, de l'axe du mentonnet.

Si une pièce nouvelle n'entre pas en jeu, on a relèvement de la tête du mentonnet qui prend une position
telle qu'elle fait saillie sur le chemin parcouru par la
boîte de culasse. Dès le retour du canon, on aurait libération de la culasse par conséquent on retomberait dans
le tir automatique.

Mais la came du levier de tir et de sûreté est entrée
en jeu et après que la barrette portée vers l'arrière produit le pivotement du mentonnet, c'est-à-dire la libération de la culasse, le plan incliné de la barrette glissant
contre la came oblige la barrette à s'abaisser. Le contact entre barrette et mentonnet disparaît de ce fait et
le mentonnet, sous l'action de son ressort, pivote en sens
inverse que précédemment, produisant ainsi l'abaissement
de sa tête qui prend une position telle qu'elle ne fait
plus saillie sur le chemin parcouru par la boîte de culasse. Par conséquent, cette dernière se portant vers
l'avant ne peut plus prendre appui sur le mentonnet et
provoquer ainsi la libération de la culasse.

Si on veut libérer la culasse et par suite faire partir
le coup suivant, il faut lâcher la détente, ce qui permet à la barrette en se portant en avant sous l'action
de son ressort, de venir se placer à nouveau contre le
bras inférieur du mentonnet et à la détente de revenir
à sa position normale ; puis reprendre l'action sur la
détente ce qui aura pour résultat le pivotement du

mentonnet dans les conditions énoncées ci-dessus et par conséquent, l'abaissement de la tête de gâchette.

Nota. — Sûreté.

Position de la came : verticale et tournée vers le haut.

Dans ce cas, la came prenant appui contre le dessous de la-partie antérieure du levier de gâchette, tout abaissement de ce levier est impossible, par suite il en est de même de la gâchette.

Donc l'action sur la détente ne peut produire la libération de la culasse et par conséquent le départ du coup.

§ 3. — Mécanisme d'alimentation.

L'arme étant armée, on place un chargeur garni de cartouches.

La première cartouche, retenue par les oreilles prolongeant vers le haut les flasques du chargeur, se trouve placée sur le chemin parcouru par le doigt de l'alimentateur.

Si le tireur appuyant sur la détente libère la culasse mobile, le doigt de l'alimentateur, prenant appui sur la partie haute du culot de la cartouche, lui fait quitter le chargeur en la poussant violemment vers l'avant. La pointe de la balle de cette cartouche rencontrant le plan incliné du volet guide-cartouche se soulève et la cartouche est dirigée en direction de la chambre dans laquelle elle est introduite par la tête mobile.

La deuxième cartouche, soulevée par le ressort du chargeur, tend à prendre la place qu'occupait précédemment la première cartouche du chargeur et se trouve au contact de la patie inférieure de l'alimentateur qui limite son élévation.

La percussion a lieu, la culasse étant renvoyée vers l'arrière, le doigt de l'alimentateur glissant sur la cartouche du chargeur vient se placer en arrière de son culot.

Cette cartouche peut alors remonter et se trouve placée sur le chemin parcouru par le doigt.

Si la culasse se porte à nouveau vers l'avant, il y aura prise de cette nouvelle cartouche dans les conditions énoncées ci-dessus.

Nota. — Pour permettre l'avance complète de la culasse mobile, il faut créer un passage pour le doigt de l'alimentateur qui, sans cela, viendrait buter contre l'entretoise porte-volet. A cet effet cette entretoise porte un volet mobile s'abaissant pour laisser passer le doigt lorsque celui-ci, ayant poussé la cartouche en direction de la chambre, continue à se porter vers l'avant. Le volet mobile est actionné au moyen d'un axe à galet coulissant dans la rainure de la bielle reliée à la culasse mobile.

A remarquer que lorsque la cartouche n'est pas introduite dans le canon, le volet-guide est fermé.

§ 4. — Incidents de tir.

Non retour du canon à la position de tir.

Causes : 1° Frottement exagéré de l'ensemble canon boîte de culasse à l'intérieur du manchon ; 2° Difficulté de déverrouillage (encrassement exagéré de la chambre) ; 3° Difficulté d'extraction (encrassement exagéré de la chambre, munition défectueuse, diamètre de chambre trop grand).

Effets : Le retour du canon ne s'est pas produit ; d'où arrêt de tir.

Situation : Le canon est à position arrière. Il y a un étui dans le canon.

Moyens de remédier à l'incident.

1° Porter l'ensemble mobile à complète position arrière en actionnant le bouton de manœuvre. Cette opération permet souvent le retour du canon.

2° Si le procédé ci-dessus ne donne pas de résultat, mettre le levier de tir et de sûreté à la position « sûreté » (en face du repère S), redresser l'arme verticalement et frapper la crosse contre le sol.

3° Si on n'arrive pas à remettre l'arme en état au moyen des procédés ci-dessus énoncés, on peut aussi, à l'aide du crochet éjecteur ou d'une lame de couteau, etc., prendre appui sur la partie postérieure de la fenêtre d'éjection du manchon et faire effort sur le canon en vue de le porter vers l'avant. Ce procédé ne doit être *qu'exceptionnellement employé.*

Mauvaise présentation d'une cartouche en direction. de la chambre.

Causes : 1° Chargeur défectueux (oreilles trop larges) ; 2° Relèvement insuffisant du piston du chargeur et par conséquent de la cartouche (ressort de chargeur trop faible ou chargeur encrassé).

Effets : La culasse s'arrête avant fermeture complète ; d'où arrêt de tir.

Situation : La cartouche poussée par le doigt de l'alimentateur est venue buter par sa pointe contre la partie haute de la boîte de culasse (dans le cas : oreilles trop larges) ou contre l'entretoise porte-volet (dans le cas de relèvement insuffisant de la cartouche). La culasse est de ce fait arrêtée, dans le 1er cas par l'appui de la partie inférieure de la cuvette contre le corps de l'étui, dans le 2ᵉ cas par l'appui du doigt de l'alimentateur sur le culot de la cartouche.

Moyens de remédier à l'incident.

1° Dans le cas d'oreilles trop larges : Changer le chargeur ;

2° Dans le cas de relèvement insuffisant de la cartouche : Armer en portant le bouton de manœuvre à complète position arrière et agir au besoin sur le ressort de chargeur.

Manque d'alimentation.

Causes : Chargeur encrassé ou ressort de chargeur trop faible ou déformé.

Effets : Il n'y a pas eu relèvement du piston du chargeur ; une cartouche n'est donc pas placée sur le chemin parcouru par le doigt de l'alimentateur qui se porte vers l'avant sans pousser de cartouche en direction de la chambre.

Situation : Le tir s'arrête, culasse fermée. Il n'y a pas de cartouche dans le canon.

Moyens de remédier à l'incident.

1° Armer, ce qui permettra peut-être le relèvement du piston ;

2° Agir au besoin sur le ressort de chargeur pour l'obliger à se détendre.

Nota : Si le tireur ne peut pas remédier aux incidents ci-dessus à l'aide des procédés indiqués, ne pas perdre de temps et changer immédiatement de chargeur.

Observations. — Les deux derniers incidents étant dus aux chargeurs, l'attention des fusiliers est tout particulièrement attirée sur la nécessité impérieuse de maintenir les chargeurs dans un *état parfait de conservation et d'entretien.*

CHAPITRE III
DEMONTAGE ET REMONTAGE DE L'ARME

§ 1. — **Démontage.**

Le démontage de l'arme doit être fait le moins souvent possible. Il ne doit se faire que pour un nettoyage complet ou en cas de besoin pour la vérification de l'arme. Le démontage doit toujours être fait posément et sans brusquerie.

1° *Désarmer.* — Après s'être assuré que l'arme est

déchargée et que le levier de tir et de sûreté n'est pas à la position « sûreté », désarmer en pressant sur la détente et en conduisant à la main le bouton de manœuvre à sa position avant pour éviter une détente brusque du ressort et par suite une rupture possible de pièce.

2° *Dévisser le bouchon d'appui des ressorts.* — Pour ce faire, effacer l'arrêtoir du bouchon et dévisser celui-ci en le poussant constamment vers l'avant pour éviter de *dégrader* le filetage et empêcher en fin de dévissage le lancé du bouchon par suite de la détente brusque des ressorts. Retirer le bouchon et les deux ressorts récupérateurs, séparer les trois pièces. La bague d'appui du récupérateur du canon vient avec celui-ci ou tombe d'elle-même lors du démontage de la culasse.

3° *Séparer le manchon guide de la monture.* — Placer l'extrémité antérieure du manchon guide sur un objet quelconque; ramener vers l'arrière le bouton de manœuvre; abaisser la mamette du verrou d'assemblage antérieur et enlever le verrou postérieur ou le poussant vers la gauche après avoir eu soin d'effacer son arrêtoir; soutenir l'arrière du manchon guide et séparer la monture en l'abaissant et la poussant ensuite légèrement en avant pour dégager la bielle de son logement dans le guide.

4° *Démonter le mécanisme de culasse.* — Tirer le bouton de manœuvre jusqu'à recul complet de l'ensemble mobile dans le manchon guide de façon à placer l'alimentateur dans l'échancrure arrière de la glissière de ce manchon; soulever l'alimentateur pour le séparer de la culasse mobile; retirer cette dernière de la boîte de culasse, séparer la tête mobile du chien.

5° *Retirer le canon et la boîte de culasse.* — Abaisser légèrement l'arrière du manchon-guide et recevoir le canon et la boîte de culasse qui glissent d'eux-mêmes.

NOTA. — Ne jamais démonter les pièces composant la monture ou fixées sur celle-ci (entretoises, mécanisme de détente). Ces pièces, d'un assemblage délicat, sont fixées aux flasques, à l'aide de vis à écrous qu'un dévissage fréquent userait et dont la perte serait ainsi facilitée.

Le nettoyage ne nécessite pas le démontage de ces pièces.

§ 2. — Remontage.

Le remontage se fait dans l'ordre inverse du démontage. Avoir soin de ne forcer nulle part, toutes les pièces devant tomber d'elles-mêmes en position. Pour éviter toute perte de temps se conformer aux prescriptions suivantes :

1° Placer l'ensemble canon boîte de culasse dans le manchon guide et le faire coulisser une ou deux fois; orien-

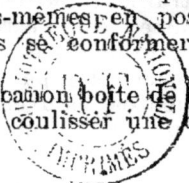

ter convenablement la rainure guide et amener sa partie
postérieure en coïncidence avec la partie arrière de
l'échancrure de la glissière du manchon-guide.

2° Introduire la culasse remontée dans la boîte de culasse, la placer de façon que le logement de l'alimentateur situé sur le chien soit dans l'échancrure de la boîte
de culasse. Assembler l'alimentateur sur la culasse. Faire
fonctionner et ramener le bouton de manœuvre vers la
partie médiane du manchon-guide.

3° Assembler le manchon-guide sur la monture. A cet
effet, placer le manchon et le soutenir à l'arrière comme
pour le démontage mais de telle sorte que le bouton de
manœuvre soit dirigé vers le haut et à droite. Présenter
la monture à plat après avoir orienté la manette du
verrou d'assemblage antérieur à la position de démontage. Introduire le galet du volet guide-cartouche dans
la rainure de la bielle ; tirer la monture légèrement vers
l'arrière et l'appliquer fortement contre le manchon
de façon à faire pénétrer le verrou d'assemblage antérieur dans sa chape. Fermer ce verrou et mettre en place
le verrou postérieur. Presser sur la détente et pousser
le mécanisme de culasse à la position de fermeture.

4° Placer les deux ressorts sur le bouchon d'appui,
coiffer le récupérateur de canon de sa bague d'appui et
introduire le tout dans le manchon. Comprimer les ressorts et visser le bouchon à fond en ayant soin de pousser vers l'avant pour éviter la dégradation du filetage.

5° Armer et désarmer en conduisant la culasse à la
main dans le but de s'assurer du bon fonctionnement de
l'ensemble.

CHAPITRE IV

ENTRETIEN DU FUSIL ET DES CHARGEURS

§ 1. — Fusil.

L'arme doit être tenue dans un parfait état d'entretien. Après chaque tir, elle doit être nettoyée et huilée
en employant, à cet effet, de l'huile minérale de bonne
qualité et de préférence de l'huile oléonaphte.

L'emploi du pétrole facilite beaucoup le nettoyage des
pièces très encrassées, mais il faut, après s'en être servi,
essuyer avec soin, avant graissage, toutes les pièces
passées au pétrole, qui pourraient sans cette précaution
s'oxyder facilement.

Dans le fusil mitrailleur modèle 1915, la pièce géné-
ralement très encrassée est l'écrou de canon, surtout
après un tir d'une certaine durée ; on devra donc assurer
le parfait nettoyage de cette partie du fusil.

L'arme étant démontée, essuyer à fond avec un chiffon sec toutes les pièces. Écouvillonner soigneusement

le manchon en ayant soin de nettoyer parfaitement l'intérieur de l'embouchoir porte-guidon. Passer le chiffon à l'intérieur du canon et huiler ensuite copieusement. Veiller à la grande propreté de la boîte de culasse surtout vers sa partie avant où la tranche postérieure du canon, les épaulement d'appui des tenons de tête mobile, doivent être dans un état d'entretien parfait. Se servir à cet effet d'une curette en bois tendre.

Le nettoyage de l'écrou de canon doit être mené de la façon suivante : faire tremper l'écrou dans un bain de pétrole puis se servir du grattoir spécial ; à cet effet introduire l'axe de l'appareil dans la bouche du canon et opérer le grattage en faisant pivoter le grattoir autour de son axe. Gratter sans exagération en ayant soin de ne pas mettre le métal au blanc.

Il est rappelé que tout démontage des entretoises et du système de détente est interdit. Pour le nettoyage, se servir du chiffon et de la curette.

§ 2. — Chargeurs.

a) Le chargeur fait partie du mécanisme d'alimentation de l'arme. Il doit être, par conséquent, dans un état parfait de conservation et d'entretien.

Après chaque tir les chargeurs doivent être complètement et convenablement huilés.

b) Les fusiliers doivent surveiller l'état du ressort de chaque chargeur.

Pour être bon le ressort doit, lorsqu'il est retiré du chargeur, présenter la forme d'une couronne incomplètement fermée. L'interruption entre les 2 extrémités du ressort ne doit pas être supérieure à 4 doigts.

En cas d'écartement supérieur, augmenter la force du ressort en ouvrant, à la main, les angles ayant leur sommet sur la circonférence intérieure de la couronne.

Si, malgré cette opération, le ressort reste faible, il est à remplacer.

TITRE II

LES MUNITIONS

§ 1. — Cartouches.

Le fusil mitrailleur Mle 1915 tire la cartouche Mle 1886 D (a m), placée par 20 dans des chargeurs.

§ 2. — Chargeurs.

Le chargeur est en tôle d'acier; il a la forme d'un segment. Il est composé de 2 flasques et de 2 plaques de fond formant entretoise. L'un des flasques est plein, l'autre est ajouté, permettant de voir l'intérieur du chargeur. Des nervures assurent la rigidité des flasques et le guidage des cartouches dans le chargeur.

L'une des extrémités est fermée par une lame d'arrêt, qui sert d'appui au ressort et dont le bec, dépassant à l'extérieur du chargeur, sert à fixer ce dernier sur le fusil. L'autre extrémité est ouverte pour le passage des cartouches. Deux oreilles prolongeant les flasques empêchent les cartouches de sortir du chargeur, à moins qu'elles soient sollicitées à quitter ce dernier sous l'action d'une poussée sur leur culot.

A l'intérieur du chargeur se trouve un piston destiné à pousser continuellement les cartouches vers l'orifice. Ce piston est mû par un ressort en accordéon ayant son point d'appui fixe sur la lame d'arrêt.

§ 3. — Chargement du chargeur.

Pour garnir le chargeur : abaisser à la main le piston d'une quantité égale à l'épaisseur d'une cartouche.

Introduire une cartouche, le culot le premier, la laisser reposer sur le piston; abaisser de nouveau ce dernier et continuer ainsi le chargement en abaissant progressivement le piston de façon à autoriser le passage de la cartouche à introduire. Le chargeur est garni lorsqu'il contient 20 cartouches.

Pour vider un chargeur : pousser successivement sur le culot des cartouches dans les mêmes conditions que le ferait le doigt de l'alimentateur au cours du fonctionnement.

NOTA. — Il y a avantage à ne pas laisser les chargeurs garnis, sans nécessité, afin de ne pas fatiguer le ressort.

§ 4. — Mise en place du chargeur sur le fusil.

Pour mettre en place le chargeur sur le fusil : armer, saisir le chargeur dans la main droite, le cintre en bas, l'orifice de sortie des cartouches à l'arrière.

Placer la lame d'arrêt, le bec dirigé vers le haut entre l'entretoise avant porte-fourche et l'entretoise porte-volet. Relever ensuite l'arrière du chargeur jusqu'à ce que celui-ci soit en prise sur le crochet arrêt de chargeur.

Pour dégager le chargeur, amener le bouton de manœuvre à position extrême arrière pour assurer l'accrochage de la culasse. Agir sur la manette du crochet-arrêt de chargeur et enlever à la main ce dernier qui, sans cette précaution, tomberait de lui-même sous l'action du ressort d'appui de chargeur.

TITRE III

ACCESSOIRES

Les accessoires du Fusil mitrailleur modèle 1915 sont placés dans une petite trousse qui peut être portée soit à l'intérieur du sac soit au-dessus, au moyen des courroies du sac. Les accessoires portés dans cette trousse sont :

1 baguette en 3 pièces ;
1 écouvillon pour canon ;
1 lavoir ;
1 écouvillon pour manchon-guide et boîte de culasse ;
1 tire-douille, modèle 1907 ;
1 crochet éjecteur ;
1 burette à huile ;
1 burette à pétrole ;
1 grattoir d'écrou de canon.
1 tournevis.

TITRE IV

ÈQUIPEMENT ET ARMEMENT DES FUSILIERS

§ 1. — Tireur.

a) **Equipement**. — L'équipement du tireur permet le transport de 320 cartouches (16 chargeurs de 20 cartouches). Il comporte deux poches pouvant contenir chacune 2 chargeurs et un havresac pour le transport de 12 chargeurs. Les poches sont portées au ceinturon, sur le devant, le cintre vers l'intérieur, maintenues par les crochets des bretelles de suspension.

Par derrière, le tireur porte un pistolet automatique renfermé dans un étui formant cartouchière.

Le havresac est organisé de façon à éviter la déformation des chargeurs. Il peut être mis et enlevé rapidement. Il comporte des courroies permettant l'arrimage extérieur d'un objet de campement en cas de besoin.

Le tireur porte en outre une serpe, la musette, le bidon.

b) **Placement des chargeurs**. — 1° *Dans le havresac* : les 12 chargeurs sont superposés parallèlement, la convexité tournée vers l'extérieur. Une lanière sert à fixer les chargeurs à l'intérieur du sac et à empêcher le ballotement lorsque le chargement est incomplet;

2° *Dans les poches à chargeurs*: placer les 2 chargeurs dans chaque poche, les oreilles des chargeurs vers le fond de la poche.

c) **Armement**. — En plus du fusil-mitrailleur placé pour le transport dans une gaîne et porté à la bretelle le tireur dispose d'un pistolet automatique du calibre de 7.65 et de trois chargeurs à 9 cartouches dont deux de rechange, le troisième placé dans l'arme.

§ 2. — Pourvoyeur.

a) **Equipement**. — L'équipement du pourvoyeur est organisé de façon à permettre le transport de 11 trousses de 64 cartouches, soit 704 cartouches. Il comprend une musette à cartouches et un havresac du même modèle que celui du tireur permettant le transport éventuel de chargeurs.

La musette à cartouches portée en bandoulière sur

l'épaule gauche est fixée d'autre part au ceinturon à l'aide de trois passants.

Le havresac est porté dans les mêmes conditions que celui du tireur. Le pourvoyeur n'a pas de bretelles de suspension. Il porte une pelle-pioche, l'étui-musette et le bidon.

b) **Placement des trousses.** — 1° Dans le havresac, 7 trousses, 2 couches de 3 trousses à plat contre le fond métallique et 1 trousse placée au-dessus. Fixer les trousses au moyen de la lanière; 2° Dans la musette à cartouches, 4 trousses. Si les cartouches sont dépaquetées, avoir soin de fermer l'ouverture de la musette à l'aide des lanières à coulisse de façon à éviter toute perte.

c) **Armement.** — Le pourvoyeur est armé comme le tireur d'un pistolet automatique.

Insignes: Les deux fusiliers reçoivent un insigne spécial porté sur le bras gauche.

TITRE V

SERVICE DU FUSIL MITRAILLEUR

§ 1. — Personnel.

Le fusil mitrailleur est servi par 2 fusiliers: 1 tireur et 1 pourvoyeur. Ces fusiliers doivent être choisis parmi des hommes vigoureux, intelligents, doués d'une excellente vue et bons tireurs (1).

Le tireur et le pourvoyeur reçoivent la même instruction.

En cas de besoin un seul servant doit pouvoir assurer le service de l'arme.

§ 2. — Tir.

Pendant la marche, le tireur porte le fusil mitrailleur à la bretelle; l'arme est enveloppée d'une gaîne destinée à la préserver de la pluie et de la poussière.

Dès qu'un engagement est imminent, le tireur prend le fusil à la main pendant toute la progression en tirailleurs. En principe il ne retire l'arme de sa gaîne qu'au moment de tirer. (La gaîne vide est placée sur le sac du tireur et maintenue fixée au moyen des courroies supérieures).

Le pourvoyeur se conforme au mouvement du tireur pour la progression.

Arrivés sur la position de tir assignée ou choisie les deux hommes se postent, le pourvoyeur à droite du tireur (2). Ils quittent leur havresac.

Après avoir choisi l'emplacement où il pourra placer son arme, le tireur sort le fusil de sa gaîne, déplie la fourche et dispose le fusil dans la direction de l'ennemi, en principe sur la fourche ou éventuellement sur un appui de fortune. Il prend une position facilitant la mise en joue. Normalement la position du tireur couché doit être la même que pour le tir du fusil ordinaire, le corps légèrement oblique par rapport à l'axe du fusil et reposant sur les coudes rapprochés l'un de l'autre le plus possible, l'arme maintenue par la main droite à la poignée pistolet, par la main gauche placée sous la crosse.

Pour utiliser ou améliorer un abri, tenir compte de la nécessité qu'il y a d'éviter le contact du manchon-guide avec le sol, des corps étrangers pouvant se glisser entre le manchon et le radiateur du canon. Durant les

---

(1) Eviter de désigner des gauchers.
(2) Cette prescription n'a rien d'absolu, le pourvoyeur occupe, selon les circonstances, l'emplacement le plus favorable à son service.

différentes opérations ci-dessus énoncées, le pourvoyeur ouvre le sac du tireur, prend un chargeur et le lui passe, puis il dispose le havresac ouvert à portée de main du tireur. Ce dernier, ayant disposé la hausse, arme son fusil et engage un chargeur sous l'arme, dans les conditions énoncées au titre II.

Il dispose son levier de tir et de sûreté, à la position arrière s'il veut tirer coup par coup, ou à la position haute s'il veut tirer en tir automatique, en face des repères marqués C (coup par coup), ou A (automatique).

Pour l'exécution du tir coup par coup, le tireur appuie sur la détente et l'abandonne après chaque coup tiré; il fait à nouveau l'action du doigt sur la détente lorsqu'il veut opérer le départ du coup suivant. Dans ce tir, le tireur repointe son arme après chaque cartouche, il ne fait partir le coup que lorsqu'il est certain de son pointage.

Pour l'exécution du tir automatique le tireur maintient l'action du doigt sur la détente et s'efforce de maintenir la ligne de mire sur l'objectif qu'il a choisi. Il arrête son feu, si c'est nécessaire, pour repointer son arme.

La bonne exécution des tirs dépend du calme et de l'habileté du tireur.

Le tir doit être ajusté. Le tireur vise le bas de la partie visible de l'objectif.

En cas de changement d'objectif: arrêter le tir, repointer l'arme sur le nouvel objectif et n'ouvrir le feu que lorsque l'arme est bien pointée.

Lorsqu'un chargeur est épuisé, le tireur ramène à fond vers l'arrière le bouton de manœuvre de manière à assurer l'accrochage sur la gâchette, puis actionnant la manette du crochet arrêtoir de chargeur, il reçoit dans la main droite le chargeur qui bascule sous l'action du ressort d'appui. Le chargeur vide est déposé sur la patelette du sac pour éviter de le salir et un nouveau chargeur est placé sur l'arme.

Pendant toute la durée du tir, le pourvoyeur effectue le rechargement des chargeurs vides déposés par le tireur.

Il se sert à cet effet des munitions prises dans sa musette à cartouches; lorsque ces munitions sont épuisées, le pourvoyeur les remplace par celles portées dans son havresac et signale au chef duquel il relève qu'il y a lieu de le ravitailler.

Toutes les circonstances favorables sont mises à profit au combat pour recompléter l'approvisionnement en munitions des fusiliers.

Pour l'exécution d'un bond ou d'un déplacement, le tireur se prépare à transporter son arme, il replie la fourche et, quand il y a lieu, laisse ou dispose un chargeur sur l'arme; le pourvoyeur replace rapidement les chargeurs dans le havresac du tireur, lie la lanière intérieure, ferme le sac et le passe au tireur. Les fusiliers ayant mis sac au dos sont prêts à bondir.

L'emploi des chargeurs portés dans les poches est réglé en principe de la façon suivante : si l'ouverture du feu doit être immédiate, le tireur se servira de ces chargeurs avant d'employer ceux portés dans son havresac. Dans le cas contraire, les chargeurs des poches seront considérés comme réserve, à la disposition du tireur. Dans le premier cas, l'effort du tireur devra tendre à reconstituer cette réserve en replaçant dès qu'il le pourra des chargeurs à l'intérieur des poches.

Une entente parfaite doit exister entre les deux hommes appelés à servir l'arme. L'initiative du tireur doit tendre à obtenir le meilleur rendement en réglant l'intensité du tir d'après les ordres donnés ou l'importance du résultat à atteindre. Ne pas perdre de vue que le tir est surtout efficace à distance rapprochée et qu'il y a lieu d'éviter le gaspillage des munitions et l'échauffement exagéré de l'arme.

Pour assurer le bon fonctionnement des chargeurs les fusiliers doivent apporter une attention toute particulière à éviter leur déformation (1) et de prévenir l'introduction de corps étrangers à l'intérieur.

---

(1) Il peut y avoir intérêt, lorsque le tireur est appelé à se coucher ou à se déplacer sur le ventre, à reporter les poches à chargeur vers l'arrière.

Les poches peuvent être maintenues dans cette position en les reliant par derrière au moyen d'une courroie, d'une ficelle ou par tout autre procédé.

TITRE VI

Renseignements divers.

§ 1. — Renseignements numériques :

Poids de l'arme a/ sans étui..................	8ᵏ750
— b/ avec étui.................	9ᵏ000
Chargeur vide...........................	0ᵏ300
Havresac vide...........................	1ᵏ850
Musette à cartouche vide.....................	0ᵏ630
Poche à chargeurs vide.....................	0ᵏ280
Cartouchière à pistolet vide..................	0ᵏ270
Chargeur contenant 20 cartouches..............	0ᵏ850
Havresac contenant 12 chargeurs...............	12ᵏ050
Musette à cartouches contenant 4 trousses......	8ᵏ530
Poche à chargeurs contenant 2 chargeurs......	1ᵏ980
Cartouchière à pistolet contenant :	
1 pistolet et 3 chargeurs approvisionnés........	1ᵏ315
Trousse à accessoires garnie..................	0ᵏ900

§ 2. — Nomenclature des pièces du fusil-mitrailleur modèle 1915.

PARTIE FIXE

Manchon-guide :

Bague de raccord avec chape d'assemblage.
Bague écrou de bouchon avec tenon à œilleton.
Bouchon d'appui.
Echancrure de glissière.
Embouchoir porte-guidon.
Fenêtre d'éjection.
Glissière.
Hausse.
Ressort récupérateur de canon.
Ressort récupérateur de culasse.

Monture :

Arrêtoir de bouchon d'appui.
Axe à galet du volet-guide cartouche.
Crochet d'arrêt de chargeur.
Crosse.
Entretoise avant porte-fourche.
Entretoise médiane.
Entretoise porte-volet.
Flasque droit.
Flasque gauche.
Guide de bielle.
Fourche :
    Tête de chape de la fourche.
Levier arrêtoir de canon :
    Bec.
    Corps.
    Talon.

Poignée de maintien.
Porte-bretelle avant.
Porte-bretelle arrière.
Ressort d'arrêtoir de bouchon d'appui.
Ressort d'appui de chargeur.
Ressort du levier arrêtoir de canon.
Ressort du crochet d'arrêt de chargeur.
Verrou d'assemblage antérieur.
Verrou d'assemblage postérieur.
Volet-guide cartouche.

Mécanisme de détente :

Barrette de mentonnet :
    Arrondi.
    Œilleton.
    Plan incliné.
    Talon.
Corps de mécanisme :
    Flasque droit.
    Flasque gauche.
    Plaque de fond.
    Pontet.
    Poignée pistolet.
Détente :
    Chape.
    Queue.
Gâchette :
    Appuis du ressort de gâchette.
    Chape.
    Tête.
Goupille axe du mentonnet.
Goupille d'entraînement de barrette.
Goupille tubée axe de détente et de barrette.
Goupille tubée axe de levier de gâchette.
Levier de gâchette :
    Chape.
    Partie antérieure.
    Queue.
Levier de tir et de sûreté :
    Bouton à pointeau.
    Came.
Mentonnet :
    Arrondi.
    Tête.
    Bras inférieur.
Piton de ressort de barrette.
Ressort de barrette.
Ressort de gâchette.
Ressort de mentonnet.

PARTIE MOBILE

Canon et boîte de culasse :

  Boîte de culasse.

Bague d'appui.
Canon.
Écrou de canon.
Encoche.
Fenêtre d'éjection.
Fourrure.
Plan incliné d'effacement du bonhomme arrêtoir de
tête mobile.
Radiateur.
Rampe.
Rainure-guide.

Culasse mobile :

Bonhomme arrêtoir de tête mobile :
    Partie haute.
    Pointeau.
Bouton de manœuvre :
    Tige.
    Tulipe.
Chien :
    Logement de l'alimentateur.
    Logement du bonhomme arrêtoir de tête mobile.
    Logement du tenon d'assemblage de l'alimentateur.
    Passages des tenons de manœuvre.
    Rainures hélicoïdales de manœuvre.
Éjecteur.
Extracteur.
Percuteur.
Ressort d'éjecteur.
Ressort d'extracteur.
Tête mobile :
    Cuvette.
    Encoche.
    Logement de l'éjecteur.
    Logement de l'extracteur.
    Tenons de fermeture.
    Tenons de manœuvre.
Tige de chien :
    Anneau de butée.
    Filetage.

Mécanisme d'alimentation :

Alimentateur :
    Crochet de culasse.
    Doigt.
    Nervures-guide.
    Tenon d'assemblage.
Bielle :
    Œilleton.
    Rainure de bielle.
Chargeur :
    Lame d'arrêt.
    Piston.
    Ressort de chargeur.

Fusil mitrailleur Mle 1915.

Côté droit.

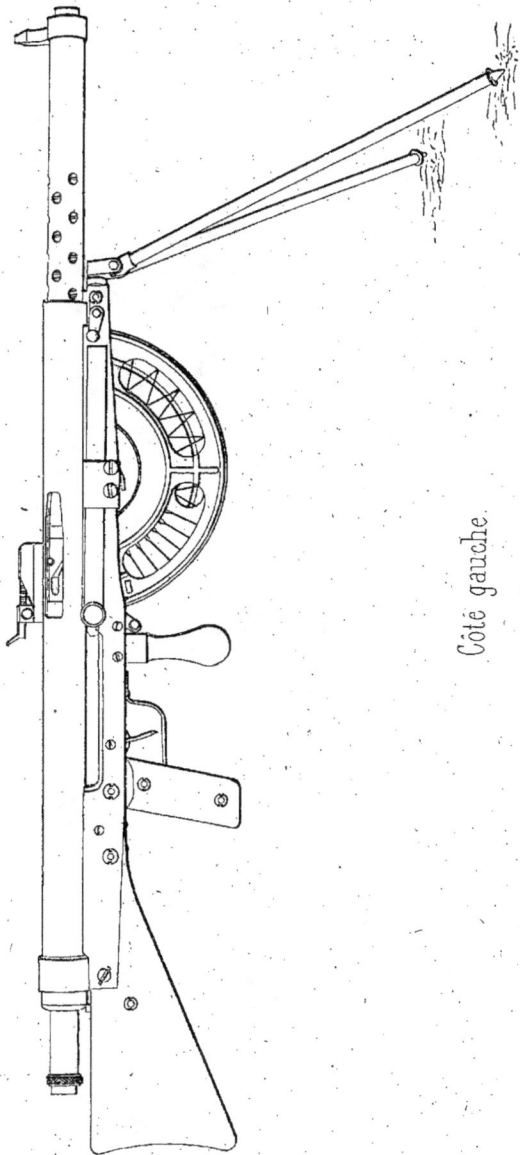

Côté gauche.

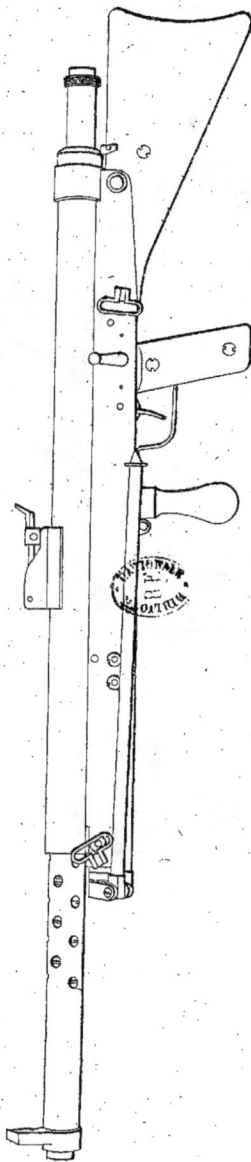

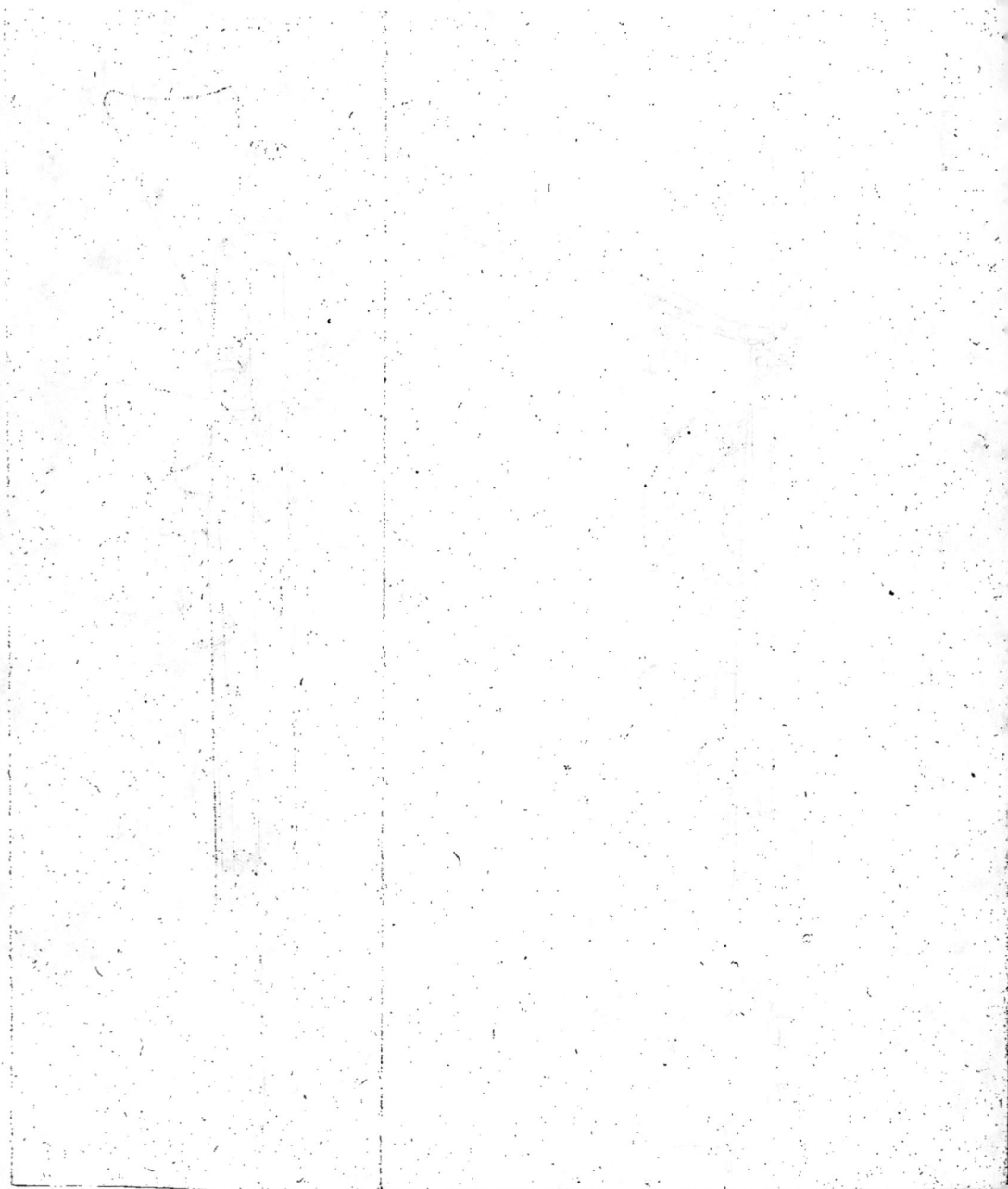

Fusil mitrailleur Mle 1915.
Pièces détachées.
Manchon-guide.

Canon et boîte de culasse.

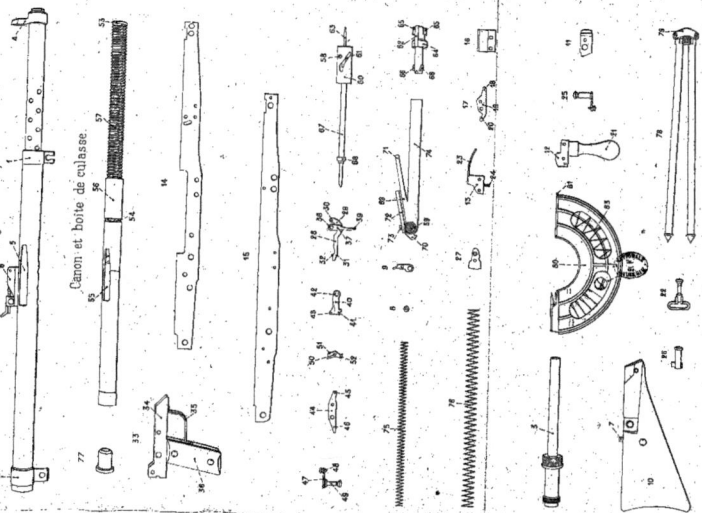

LÉGENDE

1. Bague de raccord avec chape d'assemblage.
2. Bague écrou de bouchon avec écrou à créneaux.
3. Bouchon d'appui.
4. Embouchoir porte-guidon.
5. Fenêtre d'éjection.
6. Hausse.
7. Levier de bouchon d'appui, ressort, touche.
8. Axe à point de mire replié, retouche.
9. Crochet d'arrêt de chargeur.
10. Crosse.
11. Entretoise avant porte-fourche.
12. Entretoise médiane.
13. Entretoise porte-valet.
14. Plaque droit.
15. Plaque gauche.
16. Goât de bielle.
17. Levier-enrouleur de canon.
18. Corps.
19. Palan.
20. Poignée de manœuvre.
21. Porte-bretelle.
22. Ressort d'appui de chargeur.
23. Ressort du levier-arrêtoir de canon.
24. Ecrou.
25. Verrou d'assemblage antérieur.
26. Verrou d'assemblage postérieur.

27. Volet-guide antérieur.
28. Barrette de sectionnel.
29. Aronal.
30. Œilleton.
31. Plan incliné.
32. Tube.
33. Corps de culasse.
34. Plaque droit.
35. Plaque gauche.
36. Fenêtre.
37. Détente.
38. Chape.
39. Queue.
40. Gâchette.
41. Ergot.
42. Tête.
43. Levier de gâchette.
44. Cliquet.
45. Chape.
46. Bielle.
47. Queue.
48. Levier de tir et de sûreté.
49. Bouton à pointeau.
50. Came.
51. Refoulement.
52. Tête.
53. Bras inférieur.
54. Écrou de canon.
55. Enroulé.
56. Fenêtre d'éjection.

56. Fourreau.
57. Radiateur.
58. Bouchonnet arrêtoir de tête mobile.
59. Bouchon arrêtoir de tête mobile.
60. Bouton de manœuvre.
61. Chien.
62. Rainures hélicoïdales de manœuvre.
63. Extracteur.
64. Fermeture.
65. Tête mobile.
66. Tenon de fermeture.
67. Tenon de manœuvre.
68. Puits de chien.
69. Anneau de bielle.
70. Crochet de culasse.
71. Nerveux guidé.
72. Nerveux guidé.
73. Tenon d'assemblage.
74. Ressort de récupération de culasse mobile.
75. Ressort de récupération du canon.
76. Bague d'appui.
77. Fourche.
78. Tête à chape de la fourche.
79. Bague d'appui.
80. Lame d'arrêt.
81. Platine.
82. Ressort de chargeur.

TABLE DES MATIERES

TITRE PREMIER

Fusil mitrailleur modèle 1915.

CHAPITRE Ier

CARACTÉRISTIQUES, DESCRIPTION ET NOMENCLATURE DU FUSIL

CHAPITRE II

FONCTIONNEMENT DE L'ARME

CHAPITRE III

DÉMONTAGE ET REMONTAGE DE L'ARME

CHAPITRE IV

ENTRETIEN DU FUSIL ET DES CHARGEURS

TITRE II

Les Munitions.

TITRE III

Accessoires.

TITRE IV

Equipement et Armement des fusiliers

TITRE V

Service du fusil mitrailleur

TITRE VI

Renseignements divers

Planche I. — *Ensemble.*
Planche II. — *Pièces détachées.*

www.ingramcontent.com/pod-product-compliance
Lightning Source LLC
Chambersburg PA
CBHW060755280326
41934CB00010B/2501